NICO STANITZOK

LAST MINUTE DIÄT

FOTOGRAFIE: MATHIAS NEUBAUER, AUEN60 PHOTOGRAPHY

INHALT

Öffnen Sie die Klappen dieses Buches.
Dort finden Sie die wichtigsten Infos zum Thema auf einen Blick!

DAS PRINZIP:
LAST-MINUTE-DIÄT

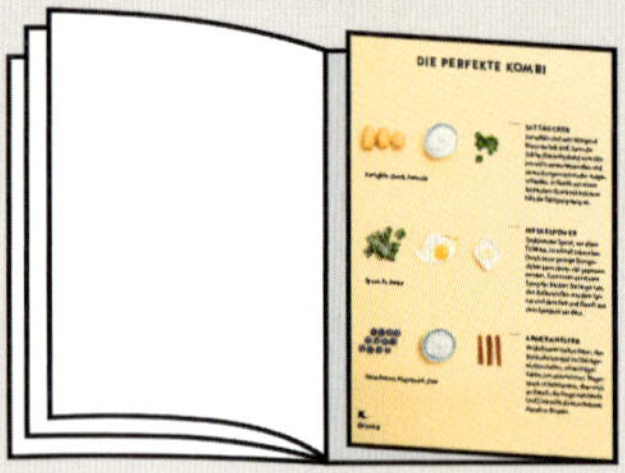

DIE PERFEKTE
KOMBI

Immer griffbereit:

SO GEHT'S:
KALORIEN SPAREN

Immer griffbereit:

SO GEHT'S:
GETRÄNKE

GU
CLOU

Wussten Sie schon, dass ...?
Entdecken Sie bei einigen ausgewählten Rezepten ganz besondere Tipps mit verblüffendem Insiderwissen. Aha-Momente garantiert!

Mit diesem Symbol sind alle vegetarischen Gerichte gekennzeichnet.

Die Backzeiten können je nach Herd variieren. Unsere Temperaturangaben beziehen sich auf das Backen im Elektroherd mit Ober- und Unterhitze.

Sammeln Ihrer Lieblingsrezepte mit der »GU Kochen Plus«-App (siehe S. 64)

REZEPTKAPITEL

NICO STANITZOK

Mein Schlankgeheimnis? Bewusst und regelmäßig zu essen: am Tisch, nicht im Stehen, nicht im Vorbeigehen und nicht vor dem Bildschirm. Warum? Dadurch tappe ich nicht in die Heißhunger-Falle und habe eigentlich so gut wie nie das Bedürfnis, zwischen den drei Hauptmahlzeiten etwas essen zu wollen.

Wie verhinderst du Heißhunger?

Zwischen den Mahlzeiten trinke ich regelmäßig und ausreichend Wasser, ca. 2–2,5 l am Tag. Der Hunger, den wir oftmals spüren, ist nämlich manchmal nur Durst. Und sollte das Verlangen doch einmal zu groß sein, halten Sie einen gesunden, kalorienarmen Snack bereit, auf den Sie in Notlagen zurückgreifen können. Am besten eignen sich dafür Gemüsesticks, von denen kann man fast unbegrenzt essen, ohne zuzunehmen. Einfach vorbereitet und in einer Frischhaltebox aufbewahrt sind Gurken oder Möhrensticks ein super kalorienarmer, gesunder Snack bei Heißhunger.

Was spielt noch eine Rolle?

Nach 19.00 Uhr essen meine Frau und ich nie. Nicht, weil es dick macht, es spielt keine Rolle, wann man die benötigten Kalorien zu sich nimmt, solange Sie nicht mehr Kalorien zu sich nehmen, als Sie verbrauchen. Sondern, weil man mit vollem Magen, der noch schwer am Arbeiten ist, sehr schlecht einschlafen kann und unruhig schläft. Dabei ist ausreichend Schlaf besonders wichtig, damit wir uns fit und ausgeruht fühlen und konzentrationsstark sind.

Warum ist genügend Erholung so wichtig?

Wer sich ausgeruht fühlt, dem fällt es wesentlich leichter, Sport zu treiben. Das Ziel abzunehmen, ohne Sport zu treiben, ist leider unmöglich. Die gute Nachricht: 10 Minuten intensives Workout reichen für den Anfang völlig aus. Meine Frau und ich meditieren täglich zweimal. Ich möchte Ihnen das sehr ans Herz legen. Durch Meditation können Sie Ihren Geist so weit stärken, dass es Ihnen leichter fällt, sich auf etwas anderes zu konzentrieren, sollte Sie eine Hungerattacke überkommen. Versuchen Sie es und seien Sie überrascht, wie entspannt Abnehmen sein kann.

DER-GEHT-IMMER-SALAT

1 kleinen Kopfsalat in seine Blätter teilen, diese waschen, trocken schleudern, etwas kleiner zupfen und ...

... mit 100 g geputzter, geschälter und grob geraspelter Möhre und ...

... 100 g gewaschener, grob geraspelter Salatgurke mischen.

Dann 4 EL fettarmen Joghurt, 1 EL Honig und 2 TL mittelscharfen Senf in einer Schale verrühren und mit Salz und Pfeffer abschmecken.

Salat, Möhre und Gurke mit dem Dressing mischen und immer als Beilage genießen, wenn Sie großen Hunger haben.

FRÜHSTÜCKSIDEEN

Für 1 Person • 20 Min. Zubereitung • Pro Portion ca. 380 kcal, 39 g E, 12 g F, 23 g KH

MOHNQUARK MIT HIMBEEREN

EINFACH

FÜR DIE HIMBEERSAUCE

100 g Himbeeren (ersatzweise aufgetaute TK-Himbeeren)
1 EL Zitronensaft
2 EL Chia-Samen
¼ TL gemahlene Vanille

FÜR DEN QUARK

200 g Magerquark
150 g fettarmer Joghurt
1 EL gemahlene Mohnsamen
1 Msp. Zimtpulver
1 TL Honig
50 ml kohlensäurehaltiges Mineralwasser

HIMBEERSAUCE: Himbeeren verlesen und bei Bedarf abbrausen. Zitronensaft, Chia-Samen, Himbeeren und Vanille in einen hohen Rührbecher geben und mit dem Pürierstab fein pürieren. Die Sauce 15 Min. ruhen und andicken lassen.

QUARKCREME: In der Zwischenzeit Magerquark, Joghurt, gemahlenen Mohn, Zimtpulver, Honig und Mineralwasser in eine Schüssel geben und cremig rühren.

FERTIGSTELLEN: Die Quarkcreme in eine Müslischale umfüllen, die Himbeersauce darübergeben und genießen.

Für 1 Person • 20 Min. Zubereitung • Pro Portion ca. 285 kcal, 17 g E, 19 g F, 11 g KH

KOKOSSCHMARREN

EXOTISCH

2 Eier (S)
1 TL Vanillezucker
Salz
150 ml Kokosdrink
25 g Kokosmehl
5 g Butter

1 Die Eier trennen. Die Eigelbe zusammen mit dem Vanillezucker und 1 Prise Salz in eine Rührschüssel geben und mit dem Schneebesen schaumig schlagen. Kokosdrink und -mehl zugeben und alle Zutaten in der Schüssel zu einem dickflüssigen Teig verrühren. Das Eiweiß in einem hohen Rührbecher zu festem Eischnee aufschlagen und behutsam unter den Teig heben.

2 Butter in einer mittelgroßen beschichteten Pfanne aufschäumen lassen. Den Teig hineingießen und in ca. 2 Min. bei mittlerer Hitze hellbraun ausbacken, dann mit einem Pfannenwender wenden, dabei zerbricht die Masse und die noch flüssige Masse verläuft – das ist aber nicht schlimm, da der Pfannkuchen später sowieso in Stücke geteilt wird. Die Masse weitere 2 Min. backen, bis sie auch von der anderen Seite gebräunt ist, dann mit dem Pfannenwender grob zerteilen. Die Stücke weitere 2 Min. backen. Den Schmarren auf einem Teller anrichten und sofort genießen.

Für 1 Person • 20 Min. Zubereitung • Pro Portion ca. 410 kcal, 16 g E, 29 g F, 14 g KH

ZIMT-UND-HONIG-PORRIDGE

EINFACH

50 g Heidelbeeren
200 ml Kokosdrink
Salz
30 g gemahlene Mandeln
15 g Chia-Samen
20 g geschrotete Leinsamen
½ TL Zimtpulver
1 TL Honig

1 Die Heidelbeeren verlesen und bei Bedarf abbrausen. Kokosdrink zusammen mit 1 Prise Salz in einen Topf geben, aufkochen und dann den Topf von der heißen Herdplatte ziehen.

2 Mandeln, Chia- und Leinsamen in den heißen Kokosdrink rühren. Den Topf wieder auf die Herdplatte stellen und unter Rühren bei mittlerer Hitze aufkochen. Sobald der Porridge kocht, den Topf von der heißen Herdplatte ziehen, den Deckel auflegen und anschließend den Porridge 10 Min. quellen lassen.

3 Zimt und Honig einrühren, Porridge in eine Müslischale umfüllen, mit Heidelbeeren garnieren und genießen.

Für 1 Person • 10 Min. Zubereitung • 13 Min. Backen • Pro Portion ca. 425 kcal, 17 g E, 31 g F, 18 g KH

CRANBERRY-MANDELAUFLAUF

GUT VORZUBEREITEN

1 Ei (S)
Salz
40 g gemahlene geschälte Mandeln
10 g Haferkleie
1 TL Backpulver
45 g Buttermilch
10 g getrocknete Cranberrys
¼ TL Zimtpulver

AUSSERDEM
Tarteform (ca. 12 cm ∅)
Öl für die Form

1 Den Backofen auf 180° vorheizen. Die Tarteform dünn mit 1–2 Tropfen Öl auspinseln. Das Ei trennen. Eiweiß mit 1 Prise Salz steif schlagen, das Eigelb anderweitig verwenden.

2 Mandeln, Haferkleie und Backpulver in einer Schüssel mischen. Buttermilch, 1 EL Wasser, Cranberrys und Zimt zur Mandelmischung geben und die Zutaten in der Schüssel glatt verrühren. Den Eischnee dazugeben und unterheben, bis eine lockere Masse entstanden ist.

3 Mandelmasse in die Tarteform gießen und den Auflauf im heißen Ofen (Mitte) 10–13 Min. backen, dann auf einem Kuchengitter auskühlen lassen oder 5 Min. warten und warm genießen.

Für 1 Person • 15 Min. Zubereitung • 15 Min. Backen • Pro Portion ca. 365 kcal, 26 g E, 27 g F, 4 g KH

OFEN-OMELETT MIT WÜRSTCHEN

EIWEISSREICH

1 Geflügelwiener (ca. 60 g)
1 Tomate
2 Frühlingszwiebeln
10 g Parmesan
2 Eier (S)
1 TL gemahlene Kurkuma
Salz, Pfeffer

AUSSERDEM

Tarteform (ca. 12 cm ∅)
Olivenöl für die Form

1 Die Form mit Öl auspinseln. Den Backofen auf 180° vorheizen. Das Würstchen quer halbieren, dann die Stücke längs vierteln. Die Würstchenstücke sternförmig in die Form legen. Tomate waschen, vierteln, vom Stielansatz und den Kernen befreien und in Würfelchen schneiden. Die Frühlingszwiebeln putzen, waschen und in feine Ringe schneiden. Dann den Parmesan fein reiben.

2 Eier in eine Schüssel aufschlagen. Kurkuma, Frühlingszwiebelringe sowie je 1 Prise Salz und Pfeffer dazugeben und mit einer Gabel leicht verquirlen. Die Eiermischung über die Würstchen in die Form gießen. Omelett mit Tomatenwürfeln und Parmesan bestreuen und im heißen Ofen (Mitte) ca. 15 Min. backen. Omelett auf einen Teller stürzen und warm oder kalt genießen.

Für 1 Glas (350 ml) • 15 Min. Zubereitung • Pro Portion ca. 305 kcal, 22 g E, 12 g F, 21 g KH

ERDBEERSHAKE MIT PISTAZIEN

EIWEISSREICH

100 g TK-Erdbeeren • 100 ml Mandeldrink • 100 g Magerquark • 1 EL Haferflocken • 2 EL Chia-Samen • 1 TL gehackte Pistazienkerne

1 Erdbeeren, Mandeldrink, Quark, Haferflocken und Chia-Samen in einen Standmixer geben und diesen verschließen. Den Mixer auf kleinster Stufe starten, anschließend alle Zutaten auf höchster Stufe in 40–50 Sek. fein pürieren, bis ein cremiger Drink entstanden ist.

2 Alternativ die Zutaten in einen hohen Rührbecher geben und mit dem Pürierstab fein aufmixen. Den Drink in ein Glas füllen, mit Pistazien garnieren und genießen.

Für 1 Glas (350 ml) • 15 Min. Zubereitung • Pro Portion ca. 235 kcal, 11 g E, 8 g F, 26 g KH

KOKOS-MINZE-SMOOTHIE

ZUCKERFREI

50 g Blattspinat • 12 Minzeblätter • 1 EL TK-Heidelbeeren • 150 ml Kokosdrink • 100 g fettarmer Joghurt • 30 g Haferflocken • 1 EL Chia-Samen

1 Den Spinat gründlich waschen und abtropfen lassen oder trocken schleudern. Spinat samt Stängeln in einen Standmixer geben. Die Minze waschen und trocken tupfen.

2 Minze zusammen mit Heidelbeeren, Kokosdrink, Joghurt, Haferflocken und Chia-Samen in den Mixer geben und diesen verschließen. Den Mixer auf kleinster Stufe starten, dann alles auf höchster Stufe in 40–50 Sek. fein pürieren, bis ein cremiger Drink entstanden ist.

3 Oder die Zutaten in einen hohen Rührbecher geben und mit dem Pürierstab fein aufmixen. Den Drink in ein Glas füllen und genießen.

Für 1 Person • 10 Min. Zubereitung • Pro Portion ca. 430 kcal, 24 g E, 23 g F, 21 g KH

FRÜHSTÜCKS-BOWL MIT BEEREN

SCHNELL GEMACHT

50 g gemischte Beeren (frisch oder TK) • 300 g fettarmer Joghurt • 15 g Weizenkleie • 15 g gemahlene Mandeln • 15 g Chia-Samen • 15 g geschrotete Leinsamen

1 Beeren verlesen und bei Bedarf abbrausen. Den Joghurt in eine Müslischale geben.

2 Den Joghurt mit Weizenkleie, Mandeln, Chia- sowie Leinsamen bestreuen, mit den Beeren garnieren und genießen.

1 Maison-Jar-Glas (ca. 400 ml) • 15 Min. Zubereitung • 12 Std. Quellen • Pro Portion ca. 400 kcal, 11 g E, 11 g F, 59 g KH

OVERNIGHT KOKOS-HAFERFLOCKEN

EXOTISCH

50 g zarte Haferflocken • 1 Kiwi • 1 kleine Banane • 40 g Kokosnuss-Joghurt • 1 TL Kokosraspel • ½ TL Leinsamen

1 Haferflocken zusammen mit 150 ml Wasser in eine Schüssel geben, verschließen und über Nacht im Kühlschrank quellen lassen.

2 Am nächsten Tag Kiwi und Banane schälen und in dünne Scheiben schneiden. Die Hälfte der Haferflocken in das Glas füllen. 1 EL Kokosjoghurt darauf verteilen, dann mit der Hälfte der Kiwi- und Bananenscheiben belegen.

3 Restliche Haferflocken, dann restlichen Joghurt sowie die restlichen Bananen- und Kiwischeiben daraufschichten. Das Müsli mit Kokosraspeln und Leinsamen garnieren.

Für 1 Person • 20 Min. Zubereitung • Pro Portion ca. 415 kcal, 18 g E, 27 g F, 22 g KH

PFANNKUCHEN MIT ERDBEEREN

BALLASTSTOFFREICH

20 g feine Haferflocken
20 g gemahlene geschälte Mandeln
100 g Joghurt (3,5 % Fett)
1 Ei (M)
1 Msp. Zimtpulver
1 TL Kokosöl
100 g Erdbeeren

GUT ZU WISSEN
Während einer Diät sollte Obst nur in geringen Mengen gegessen werden. Denn es enthält viel Zucker und damit viele Kalorien. Bevorzugen Sie Beeren. Sie sind nicht nur zuckerarm, sondern auch ganzjährig als TK-Ware zu bekommen.

1 Haferflocken, Mandeln, Joghurt, Ei und Zimt in einen hohen Rührbecher geben und mit dem Pürierstab fein pürieren.

2 In einer beschichteten Pfanne (ca. 20 cm ∅) das Öl erhitzen. Die Masse in die Pfanne gießen und durch Schwenken gleichmäßig darin verteilen. Pfanne mit einem Deckel verschließen und den Pfannkuchen für 2–3 Min. bei mittlerer Hitze anbraten, dann behutsam mit einem Pfannenwender umdrehen und offen in weiteren 3 Min. goldbraun braten.

3 In der Zwischenzeit die Erdbeeren putzen, waschen und vierteln. Den Pfannkuchen auf einen Teller gleiten lassen, mit den Erdbeeren bestreuen und genießen.

WARME HAUPTGERICHTE

Für 1 Person • 25 Min. Zubereitung • Pro Portion ca. 360 kcal, 34 g E, 19 g F, 12 g KH

MANDELHÄHNCHEN MIT SPARGELSALSA

FRÜHLINGS-REZEPT

FÜR DIE SPARGELSALSA

100 g grüner Spargel
Salz
5 Kirschtomaten
6 Basilikumblätter
1 EL Orangensaft
Pfeffer

FÜR DIE HÄHNCHENBRUST

120 g Hähnchenbrustfilet
1 TL mittelscharfer Senf
1 TL fettarmer Joghurt
Salz, Pfeffer
1 EL Mandelblättchen
1 EL Haferflocken
1 EL Rapsöl

SPARGELSALSA: Die holzigen Enden der Spargelstangen abschneiden und die unteren 3 cm der Stangen schälen. Die Spargelstangen waschen, zuerst längs halbieren, dann quer in 1 cm große Stücke schneiden. Die Spargelstücke zusammen mit 4 EL Wasser und 1 Prise Salz in eine kleine beschichtete Pfanne geben, bei großer Hitze aufkochen und zugedeckt 5 Min. bei kleiner Hitze ziehen lassen. Anschließend Spargel samt der Flüssigkeit in eine Schale umfüllen.

In der Zwischenzeit die Tomaten waschen und vierteln. Das Basilikum abbrausen, trocken tupfen und in feine Streifen schneiden. Tomaten, Basilikum und Saft zum Spargel geben, verrühren und die Salsa mit Salz und Pfeffer abschmecken.

HÄHNCHENBRUST: Das Hähnchenbrustfilet kalt abspülen und trocken tupfen. Senf und Joghurt in einem Schälchen verrühren. Die Hähnchenbrust rundherum mit der Senfmischung einstreichen und kräftig mit Salz und Pfeffer würzen. Mandelblättchen und Haferflocken auf einem Teller flach ausbreiten und das Hähnchenbrustfilet darin wenden.

Die Hälfte des Rapsöls in einer kleinen beschichteten Pfanne erhitzen und das Hähnchenbrustfilet darin bei mittlerer Hitze ca. 4 Min. anbraten und wenden. Das restliche Öl zum Filet in die Pfanne geben und dieses weitere 5 Min. braten, bis es rundherum goldbraun ist. Die Hähnchenbrust zusammen mit der Spargelsalsa auf einem Teller anrichten und genießen.

Für 1 Person • 25 Min. Zubereitung • Pro Portion ca. 320 kcal, 39 g E, 13 g F, 11 g KH

HÄHNCHENSPIESSE

EIWEISSREICH

100 g TK-Brokkoli
150 g Hähnchenbrustfilet
1 TL edelsüßes Paprikapulver
Salz, Pfeffer
50 g kleine Champignons
120 g frische Ananas (60 g Fruchtfleisch)
1 EL Rapsöl

AUSSERDEM
4 Holzspieße à 20 cm

1 Den Brokkoli in einer Schale 5 Min. antauen lassen. Hähnchenbrust kalt abspülen, trocken tupfen und in ca. 3 cm große Würfel schneiden. Das Fleisch in eine Schale geben, mit Paprikapulver sowie je 2 Prisen Salz und Pfeffer würzen und vermischen. Die Champignons trocken abreiben. Ananas schälen, vierteln und den Strunk herausschneiden. Das Fruchtfleisch in 3 cm große Würfel schneiden.

2 Hähnchenbrustwürfel, Brokkoliröschen, Pilze und Ananasstücke in beliebiger Reihenfolge auf die Holzspieße stecken.

3 Das Öl in einer mittelgroßen beschichteten Pfanne erhitzen. Die Spieße im heißen Öl bei kleiner bis mittlerer Hitze in ca. 8 Min. rundherum anbraten. Die Pfanne während des Bratens mit einem Deckel verschließen. Spieße salzen, auf einen Teller legen und losknabbern.

Für 1 Person • 20 Min. Zubereitung • 28 Min. Backen • Pro Portion ca. 400 kcal, 45 g E, 19 g F, 11 g KH

BROKKOLI-QUICHE

AUS FRANKREICH

350 g Brokkoli
40 g junger Gouda
1 Ei (M)
1 EL Mandelmehl (ersatzweise gemahlene Mandeln)
frisch geriebene Muskatnuss
Salz, Pfeffer
50 g Mozzarella light (8,5 % Fett)
5 Basilikumblätter

1 Den Backofen auf 200° vorheizen. Ein Backblech mit Backpapier belegen. Den Brokkoli in kleine Röschen teilen, den Strunk schälen und klein schneiden. Brokkoli portionsweise im Blitzhacker auf Reiskorngröße zerkleinern. Gouda grob reiben, zusammen mit Brokkoli, Ei und Mandelmehl in eine Schüssel geben und gut vermischen. Die Masse mit je 1 Prise Muskat, Salz und Pfeffer würzen.

2 Die Masse auf das Backblech geben und mit den Händen zu einem 1 cm hohen, runden Boden formen. Den Brokkoliboden im heißen Ofen (Mitte) ca. 20 Min. backen.

3 Den Mozzarella abtropfen lassen und in ½ cm dicke Scheiben schneiden. Den Brokkoliboden mit Mozzarella belegen und weitere 5–8 Min. backen. Basilikum abbrausen, trocken tupfen und in feine Streifen schneiden. Brokkoli-Quiche auf einen Teller gleiten lassen, mit Basilikum bestreuen und genießen.

Für 1 Person • 25 Min. Zubereitung • 12 Min. Backen • Pro Portion ca. 435 kcal, 32 g E, 32 g F, 4 g KH

LACHS MIT NUSSKRUSTE

LOW CARB

FÜR DAS SPINATGEMÜSE
250 g TK-Blattspinat
1 Schalotte
1 TL Butter
frisch geriebene Muskatnuss
Salz, Pfeffer

FÜR DEN LACHS
1 TL Butter
120 g Lachsfilet
Salz, Pfeffer

FÜR DIE NUSSKRUSTE
1 TL Joghurt (3,5 % Fett)
1 TL mittelscharfer Senf
4 Salbeiblätter
5 g gehackte Haselnusskerne
5 g gehackte Pistazienkerne

AUSSERDEM
kleine Auflaufform (ca. 15 × 20 cm)

SPINATGEMÜSE: Spinat in einer Schale 10 Min. antauen lassen. Backofen auf 180° vorheizen. Die Schalotte schälen und fein hacken. Die Butter in einem kleinen Topf erhitzen und die Schalotte darin bei mittlerer Hitze 1 Min. andünsten. Spinat dazugeben, mit je 2 Prisen Muskat, Salz und Pfeffer würzen und zugedeckt bei kleiner Hitze 4 Min. köcheln.

LACHS: Während der Spinat gart, in einer kleinen beschichteten Pfanne die Butter erhitzen. Den Lachs trocken tupfen, mit Salz und Pfeffer würzen, in die Pfanne geben und bei mittlerer Hitze von jeder Seite ½ Min. anbraten.

Den Spinat samt Flüssigkeit in die Auflaufform umfüllen. Sollte keine Flüssigkeit mehr im Topf sein, noch 3 EL Wasser mit in die Form geben. Den Lachs auf den Spinat setzen.

NUSSKRUSTE: Joghurt und Senf in einem Schälchen verrühren und die Oberfläche des Lachsfilets damit bestreichen. Salbei abbrausen, trocken tupfen und fein schneiden. Nüsse und Salbei mischen und gleichmäßig auf den Lachs streuen. Überschüssige Nüsse auf dem Spinat verteilen. Die Form auf mittlerer Schiene in den Ofen schieben und den Lachs 12 Min. backen. Nach Belieben direkt aus der Form genießen.

Für 1 Person • 25 Min. Zubereitung • Pro Portion ca. 435 kcal, 41 g E, 25 g F, 9 g KH

TILAPIA IN DER EIHÜLLE AUF KIMCHI

AUS KOREA

FÜR DAS KIMCHIGEMÜSE
100 g Tofu
2 Frühlingszwiebeln
1 Knoblauchzehe
1 TL geröstetes Sesamöl
100 g mildes Kimchi (Asienladen)
1 EL edelsüßes Paprikapulver
Salz, Pfeffer

FÜR DEN FISCH
120 g Tilapiafilet (ersatzweise Seelachs)
Salz, Pfeffer
1 Ei (S)
1 TL geröstetes Sesamöl

GUT ZU WISSEN
Tilapia, der afrikanische Buntbarsch, ist ein wunderbarer Speisefisch. Er ist besonders mager, schmeckt mild-nussig und er lässt sich garen, ohne zu zerfallen. Als »vegetarischer« Zuchtfisch hat er eine gute Ökobilanz vorzuweisen und wird sogar in heimischen Aquakulturen gezüchtet.

KIMCHIGEMÜSE: Den Tofu in zwei Scheiben, dann quer in ca. 1 cm dicke Stifte schneiden. Die Frühlingszwiebeln putzen, waschen und in 1 cm dicke Ringe schneiden. Den Knoblauch schälen und mit dem Messerschaft grob zerstoßen.

In einer kleinen beschichteten Pfanne das Öl erhitzen und den Knoblauch darin bei großer Hitze 5 Sek. anbraten. Tofu, Frühlingszwiebeln und Kimchi dazugeben und weitere 30 Sek. anbraten, dabei gelegentlich umrühren. 150 ml Wasser dazugeben. Das Kimchigemüse mit Paprikapulver würzen und bei mittlerer Hitze noch 6–7 Min. köcheln lassen.

FISCH: Tilapiafilet kalt abspülen, mit Küchenpapier trocken tupfen und mit Salz und Pfeffer würzen. Das Ei in einen tiefen Teller aufschlagen und mit einer Gabel zwei- bis dreimal verquirlen. Tilapia in das verquirlte Ei legen.

Das Sesamöl in einer weiteren kleinen beschichteten Pfanne erhitzen. Fisch samt Ei in die Pfanne gleiten lassen und bei mittlerer Hitze 2–3 Min. anbraten. Anschließend den Fisch mit einem Pfannenwender behutsam umdrehen und in weiteren 2–3 Min. goldbraun anbraten.

FERTIGSTELLEN: Kimchigemüse mit Salz und Pfeffer abschmecken und mittig auf einem Teller anrichten. Fischfilet daraufgleiten lassen und genießen.

Für 1 Person • 15 Min. Zubereitung • 15 Min. Backen • Pro Portion ca. 430 kcal, 42 g E, 23 g F, 13 g KH

ZITRONEN-HACKBÄLLCHEN AUS DEM OFEN

EINFACH

FÜR DIE HACKBÄLLCHEN
100 g Rinderhackfleisch
1 Ei (S)
2 EL Mandelmehl
1 TL mittelscharfer Senf
Salz, Pfeffer

FÜR DAS GEMÜSE
150 g grüne Bohnen
100 g Pak Choi
50 g Kirschtomaten
½ Bio-Zitrone
1 Knoblauchzehe
1 Rosmarinzweig
Salz, Pfeffer

AUSSERDEM
Auflaufform (ca. 20 × 25 cm)

HACKBÄLLCHEN: Hackfleisch, Ei, Mandelmehl, den Senf, ½ TL Salz und 2 Prisen Pfeffer in eine Schüssel geben und verkneten. Den Fleischteig abdecken und in den Kühlschrank stellen. Den Backofen auf 200° vorheizen.

GEMÜSE: Die Bohnen putzen, quer halbieren und waschen. Den Pak Choi waschen, längs halbieren und den Strunk abschneiden. Die Tomaten waschen und halbieren. Zitronenhälfte heiß waschen, abtrocknen und in fünf bis sechs dünne Scheiben schneiden. Knoblauch schälen und fein hacken oder durchpressen. Rosmarin waschen, die Nadeln abstreifen und diese grob hacken. Bohnen, Pak Choi, Tomaten, Zitronenscheiben, Knoblauch und Rosmarin in einer Schale mischen und mit ½ TL Salz und 2 Prisen Pfeffer würzen. Alles vermischen, dann gleichmäßig flach in der Form verteilen.

FERTIGSTELLEN: Von der Hackmasse mit einem Esslöffel acht gleich große Nocken abstechen und auf das Gemüse in der Form setzen. Gemüse und Fleischbällchen im heißen Backofen (Mitte) ca. 15 Min. backen, anschließend auf einem Teller anrichten und gleich genießen.

GU
CLOU

Ein guter Trick, um während der Diät Öl und damit Kalorien zu sparen, ist folgender: Gerichte, die normalerweise gebraten werden, mit sehr wenig oder ganz ohne Öl im Ofen backen. Nebenbei ist dies noch eine überaus praktische Zubereitungsart. Denn während die Hackbällchen im Ofen brutzeln, bleibt genug Zeit für andere Tätigkeiten.

Für 1 Person • 30 Min. Zubereitung • Pro Portion ca. 385 kcal, 18 g E, 20 g F, 32 g KH

KARTOFFEL-SELLERIE-RÖSTI AUF TOMATENSALAT

GÜNSTIG

FÜR DEN TOMATENSALAT
100 g Tomaten
Salz, Pfeffer
2 Soft-Aprikosen
1 TL mittelscharfer Senf
1 EL Weißweinessig
1 TL Rapsöl

FÜR DEN RÖSTI
150 g Kartoffeln (100 g ohne Schale)
250 g Knollensellerie (200 g geputzt)
1 Ei (S)
1 EL Haferkleie
Pfeffer, Salz
1 TL Rapsöl

FÜR DIE GARNITUR
2 dünne Scheiben Schwarzwälder Schinken

SALAT: Für den Salat die Tomaten waschen, von den Stielansätzen befreien und in ½ cm dicke Scheiben schneiden. Die Tomatenscheiben flach auf einen Teller legen und kräftig mit Salz und Pfeffer würzen. Die Aprikosen mit dem Messer fein hacken, in einer Schale mit Senf, Essig und Öl verrühren und das Dressing gleichmäßig über die Tomaten träufeln.

RÖSTI: Kartoffeln und Sellerie putzen, schälen, waschen und auf der Gemüsereibe grob raspeln. Gemüseraspel zusammen mit Ei und Haferkleie in eine Schüssel geben und mit 2 Prisen Pfeffer und ½ TL Salz verrühren.

Rapsöl in einer kleinen beschichteten Pfanne (ca. 12 cm ∅) erhitzen und die Röstimasse aus der Schüssel ins heiße Öl in der Pfanne gleiten lassen. Mit einem Kochlöffel die Oberfläche etwas glätten und sanft andrücken. Dann ringsherum den Rand ebenfalls sanft am Pfannenboden andrücken. Den Rösti zugedeckt ca. 5 Min. bei mittlerer Hitze braten. Anschließend einen Teller auf die Pfanne legen, mit einem Küchenhandschuh gut an die Pfanne pressen und die Pfanne mit Schwung umdrehen. Die Pfanne wieder auf den Herd stellen und den Rösti wieder in die Pfanne gleiten lassen. Den Röstirand ringsherum erneut mit dem Kochlöffel sanft am Pfannenboden andrücken und weitere 5 Min. abgedeckt braten.

GARNITUR: Den fertigen Rösti aus der Pfanne auf den Salat gleiten lassen, den Schwarzwälder Schinken auf dem Rösti dekorativ arrangieren und alles zusammen genießen.

Für 1 Person • 35 Min. Zubereitung • 20 Min. Backen • Pro Portion ca. 405 kcal, 33 g E, 17 g F, 30 g KH

ZUCCHINILASAGNE MIT LINSENSUGO

AUS ITALIEN

FÜR DIE LINSENSAUCE
1 rote Chilischote
150 g stückige Tomaten (aus der Dose)
25 g rote Linsen
1 TL getrockneter Oregano
Salz, Pfeffer

FÜR DIE KÄSESAUCE
1 kleine Zwiebel
25 g Sellerie (Knolle oder Stange)
1 TL Rapsöl
100 g fettarmer Kräuterfrischkäse

AUSSERDEM
250 g Zucchini
50 g geriebener Mozzarella
eckige Auflaufform (ca. 12 × 12 cm)

LINSENSAUCE: Die Chili waschen, halbieren, von Kernen befreien und fein hacken. Chilistückchen, stückige Tomaten, 50 ml Wasser, Linsen, Oregano, ½ TL Salz und 2 Prisen Pfeffer in einen kleinen Topf geben, aufkochen und zugedeckt 15 Min. bei kleiner Hitze köcheln lassen. Bei Bedarf esslöffelweise Wasser dazugeben, damit die Sauce nicht zu trocken ist. Die Sauce mit Salz und Pfeffer abschmecken.

KÄSESAUCE: Zwiebel und Sellerie schälen und fein würfeln. Das Öl in einer Pfanne erhitzen. Zwiebel und Sellerie darin bei mittlerer Hitze ca. 2 Min. anschwitzen. Kräuterfrischkäse und 50 ml Wasser dazugeben, verrühren und ca. 3 Min. köcheln lassen, dabei gelegentlich umrühren.

Inzwischen von den Zucchini die Enden abschneiden, die Zucchini waschen und längs in ½ cm dicke Scheiben schneiden oder mit einem Gemüsehobel in dünne Scheiben hobeln.

FERTIGSTELLEN: Den Backofen auf 200° vorheizen. Die Hälfte der Linsensauce auf dem Boden der Auflaufform verteilen. Die Hälfte der Zucchinischeiben etwas überlappend darauflegen. Die restliche Tomatensauce darauf verteilen und diese mit den restlichen Zucchinischeiben belegen. Die Käsesauce gleichmäßig auf den Zucchinischeiben verteilen und mit geriebenem Mozzarella bestreuen. Die Lasagne im heißen Backofen (Mitte) 20 Min. backen, bis sich eine goldbraune Kruste auf dem Auflauf gebildet hat.

Für 1 Person • 30 Min. Zubereitung • Pro Portion ca. 425 kcal, 30 g E, 26 g F, 14 g KH

OFENGEBACKENE LACHSBÄLLCHEN MIT AVOCADOCREME

REICH AN OMEGA 3

FÜR DIE LACHSBÄLLCHEN
120 g Lachsfilet
1 Schalotte
1 Knoblauchzehe
1 Ei (S)
2 EL Haferkleie
Salz, Pfeffer

FÜR DIE AVOCADOCREME
2 Stängel Koriandergrün
½ Limette
30 g Avocado (ca. 130 g mit Schale und Kern)
2 TL fettarmer Joghurt (1,5 % Fett)
Salz, Pfeffer

AUSSERDEM
16 kleine Kopfsalatblätter

TIPP
Wer keinen Pürierstab hat, kann das Avocadofruchtfleisch in einem Suppenteller mit einer Gabel fein zerdrücken und darin mit den restlichen Zutaten für die Avocadocreme vermischen.

LACHSBÄLLCHEN: Den Lachs in Würfel schneiden und anschließend mit einem scharfen Messer oder im Blitzhacker fein hacken. Die Lachsmasse in eine Schüssel umfüllen und zugedeckt im Tiefkühlfach 10 Min. kühlen.

Inzwischen Schalotte und Knoblauchzehe schälen und sehr fein hacken. Das Ei trennen, Eigelb anderweitig verwenden. Schalotten- sowie Knoblauchwürfelchen, Eiweiß, Haferkleie, ½ TL Salz und 2 Prisen Pfeffer zum Fisch geben und mit den Händen zu einer nicht zu festen Masse verkneten.

Backofen auf 180° vorheizen. Ein Backblech mit Backpapier belegen. Aus der Lachsmasse mit angefeuchteten Händen acht Kugeln formen, auf das Blech legen und im heißen Ofen (Mitte) 10–12 Min. backen, bis sie beginnen leicht zu bräunen.

AVOCADOCREME: Inzwischen den Koriander abbrausen, trocken schütteln und samt den Stängeln grob hacken. Saft der Limette auspressen, den Kern aus der Avocado lösen und das Fruchtfleisch mit einem Löffel aus der Schale kratzen. Das Koriandergrün, Limettensaft, Avocado und Joghurt in einen hohen Rührbecher geben und mit dem Pürierstab pürieren. Die Avocadocreme mit Salz und Pfeffer abschmecken.

FERTIGSTELLEN: Kopfsalat waschen und abtropfen lassen. Fischbällchen aus dem Backofen nehmen. Je 2 Salatblätter ineinanderlegen. Je ein Fischbällchen in jedes Salatkörbchen legen und jeweils etwas Avocadocreme daraufgeben.

ZUCCHINI-CORDON-BLEU

GÜNSTIG

Für 1 Person • 30 Min. Zubereitung • 30 Min. Backen • Pro Portion ca. 395 kcal, 31 g E, 23 g F, 16 g KH

1 Zucchino (ca. 300 g)
40 g Mozzarella light (8,5 % Fett)
1 Scheibe Kochschinken (ca. 33 g)
1 Ei (S)
15 g feine Haferflocken
1 EL gemahlene Mandeln
1 TL mittelscharfer Senf
Salz, Pfeffer
1 TL Rapsöl

TIPP

Um zu verhindern, dass die Zucchinischeiben durch den schmelzenden Käse verrutschen, lege ich die Cordon Bleus immer an den Blechrand, um sie abzustützen.

1 Vom Zucchino die Enden abschneiden. Zucchino waschen und längs in vier Scheiben schneiden (Bild 1). Den Mozzarella abtropfen lassen und in vier gleich dicke Scheiben schneiden. Schinken in vier gleich breite Streifen schneiden.

2 Ei in einen tiefen Teller aufschlagen und mit einer Gabel verquirlen. Haferflocken und die gemahlenen Mandeln in einer Schale vermischen, auf einen flachen Teller geben und darauf etwas verteilen. Den Backofen auf 180° vorheizen und ein Backblech mit Backpapier belegen.

3 Die Oberseiten der Zucchinischeiben dünn mit Senf einstreichen. Am besten lässt sich der Senf mit dem Küchenpinsel auftragen. Zwei Zucchinischeiben mit je zwei Schinkenstreifen belegen, dann je zwei Käsescheiben darauflegen (Bild 2). Die verbliebenen Zucchinischeiben mit der Senfseite nach unten daraufsetzen (Bild 3). Cordon Bleus rundherum mit Salz und Pfeffer würzen, anschließend zuerst im Ei, dann in der Mandel-Haferflocken-Mischung wenden (Bild 4).

4 Das Backpapier mit Öl einpinseln, die Cordon Bleus darauflegen (Bild 5) und im heißen Ofen (Mitte) ca. 30 Min. backen, dabei die Cordon Bleus nach der Hälfte der Backzeit wenden. Cordon Bleus auf einem Teller anrichten (Bild 6) und genießen.

Für 1 Person • 25 Min. Zubereitung • Pro Portion ca. 370 kcal, 31 g E, 19 g F, 18 g KH

MÖHREN-BRATLINGE MIT GURKENDIP

GLUTENFREI

FÜR DIE BRATLINGE
300 g Möhren
Salz
1 Ei (S)
2 EL gemischte TK-Gartenkräuter
25 g Mandelmehl
25 g Schafskäse (Feta)
Pfeffer
1 TL Rapsöl

FÜR DEN DIP
100 g Salatgurke
1 Knoblauchzehe
50 g Magerquark
1 EL TK-Dill
Salz, Pfeffer

BRATLINGE: Die Möhren putzen, schälen und grob raspeln. Möhrenraspel zusammen mit ½ TL Salz in eine Schale geben, mischen und 10 Min. beiseitestellen.

In der Zwischenzeit Ei, Kräuter, Mandelmehl und Feta in einen hohen Rührbecher geben und mit dem Pürierstab zu einer cremigen Masse verarbeiten. Alternativ Feta und Ei mit einer Gabel so lange zerdrücken, bis sich beides vollständig verbunden hat, dann Mandelmehl und Kräuter unterrühren.

Von den Möhrenraspeln die Flüssigkeit abgießen. Möhrenraspel in ein Geschirrtuch geben, die Tuchecken zusammenfassen, eindrehen und die Raspel kräftig auspressen, mit der Käsemasse verkneten. Diese mit 2–3 Prisen Pfeffer würzen.

Das Öl in einer beschichteten Pfanne erhitzen. Aus der Masse mit den Händen vier gleich große Bratlinge formen und diese in die Pfanne setzen. Bratlinge zugedeckt bei mittlerer Hitze 2–3 Min. von jeder Seite anbraten.

DIP: Für den Dip die Gurke waschen und grob raspeln. Den Knoblauch schälen und fein hacken oder durchpressen. Dann Gurke, Knoblauch, Quark und Dill in eine Schüssel geben, verrühren und mit Salz und Pfeffer abschmecken. Die Bratlinge und den Quark zum Dippen auf einem Teller anrichten.

Für 1 Person • 15 Min. Zubereitung • Pro Portion ca. 335 kcal, 27 g E, 15 g F, 23 g KH

GRÜNES GEMÜSECURRY MIT TOFU

AUS THAILAND

200 g Tofu
100 g Aubergine
1 kleine Tomate (ca. 50 g)
80 g Kokosdrink
1 EL grüne Currypaste
1 TL Kokosblütenzucker
1 EL Fischsauce
½ TL Speisestärke
50 g grüne TK-Erbsen

1 Tofu in ca. 1 cm große Würfel schneiden. Aubergine waschen, längs vierteln und quer in ca. 2 cm große Stücke schneiden. Die Tomate waschen, vom Stielansatz befreien und klein würfeln.

2 Kokosdrink in einen Topf geben und aufkochen lassen. Currypaste, Zucker und Fischsauce dazugeben und so lange verrühren, bis sich der Zucker aufgelöst hat. Die Stärke mit 2 EL kaltem Wasser glatt verrühren und zusammen mit dem Tofu in die Sauce geben. Diese aufkochen und 1 Min. kochen lassen, bis sie andickt.

3 Die Auberginenstücke, die Erbsen und 80 ml Wasser zur Tofu-Curry-Mischung geben und das Gemüse unter gelegentlichem Rühren in 3–5 Min. bei kleiner Hitze garen. Tomatenwürfel einrühren, das Curry in einen tiefen Teller geben und gleich loslöffeln.

Für 1 Person • 20 Min. Zubereitung • 20 Min. Backen • Pro Portion ca. 285 kcal, 17 g E, 12 g F, 26 g KH

PORTOBELLO-BURGER

STREETFOOD

100 g Kidneybohnen (aus der Dose)
1 Schalotte
1 Ei (M)
40 g Mandelmehl
1 EL Haferflocken
Salz, Pfeffer
2 Portobello-Pilze (Riesenchampignons; ca. 8–9 cm ∅)
2 Eisbergsalatblätter
3 Kirschtomaten
1 TL mittelscharfer Senf
1 TL Mayonnaise

1 Den Backofen auf 180° vorheizen. Ein Backblech mit Backpapier belegen. Die Bohnen in ein Sieb abgießen, abspülen und abtropfen lassen. Schalotte schälen und kleiner schneiden. Bohnen, Schalotte, Ei, Mandelmehl, Haferflocken, ½ TL Salz und 2 Prisen Pfeffer in einen Blitzhacker geben und nicht zu fein hacken. Die Masse auf das Backpapier geben und zu einem Burgerpatty (8 cm ∅) formen. Diesen im heißen Backofen (Mitte) ca. 20 Min. backen.

2 Inzwischen Pilze bei Bedarf trocken abreiben, vom Stiel befreien, in den Ofen zum Patty legen und 10–12 Min. mitbacken.

3 Den Salat waschen, abtrocknen und in feine Streifen schneiden. Tomaten waschen und fein hacken. Senf und Mayonnaise in einer Schale verrühren. Salat und Tomaten unterheben, salzen und pfeffern. 1 Pilz auf einen Teller legen, den Patty daraufsetzen. Salatmischung darauf verteilen und den restlichen Pilz als Deckel auflegen.

KALTE HAUPTGERICHTE

Für 1 Person • 15 Min. Zubereitung • Pro Portion ca. 380 kcal, 34 g E, 21 g F, 14 g KH

CAESAR-SALAT-WRAPS MIT HÄHNCHEN

ZUM MITNEHMEN

FÜR DAS DRESSING
1 Knoblauchzehe
1 TL mittelscharfer Senf
1 TL Zitronensaft
1 TL Honig
1 TL Mayonnaise
2 EL Joghurt (3,5 % Fett)
Salz, Pfeffer

FÜR DIE WRAPS
8 große Kopfsalatblätter
1 EL Walnusskerne
25 g Parmesan
100 g Hähnchenbrustaufschnitt

MEHR DARAUS MACHEN
Wer sich die Zeit nehmen möchte, brät ein Hähnchenbrustfilet selbst an. Besonders lecker schmecken die Wraps, wenn man die Hähnchenbrust zusammen mit einem Rosmarinzweig und einer zerdrückten Knoblauchzehe in etwas Öl anbrät. Dann das Filet in dünne Scheiben schneiden und noch warm in die Wraps füllen.

DRESSING: Den Knoblauch schälen, fein hacken oder durchpressen. Knoblauch zusammen mit Senf, Zitronensaft, Honig, Mayonnaise und Joghurt in eine Schale geben und verrühren. Das Dressing mit Salz und Pfeffer abschmecken.

WRAPS: Den Salat waschen und abtropfen lassen. 4 Salatblätter in feine Streifen schneiden. Die Walnüsse grob hacken und den Parmesan grob reiben.

Die restlichen Salatblätter flach auf die Arbeitsfläche legen. Hähnchenbrustaufschnitt gleichmäßig verteilt mittig darauflegen. Geschnittenen Salat in einem Streifen mittig daraufsetzen, diesen gleichmäßig mit Walnüssen und Parmesan bestreuen und mit dem Dressing beträufeln.

Salatblätter jeweils von der linken und rechten Seite zur Mitte hin einklappen, dann von unten nach oben aufrollen und mit der Naht nach unten auf einen Teller legen oder in eine luftdicht verschließbare Box zum Mitnehmen legen.

Für 1 Person • 20 Min. Zubereitung • Pro Portion ca. 360 kcal, 16 g E, 29 g F, 9 g KH

GEFLÜGELSALAT IM GLAS

GUT VORZUBEREITEN

2 EL Joghurt (3,5 % Fett)
1 EL Mayonnaise
2 TL Olivenöl
Salz, Pfeffer
50 g Möhre
50 g Salatgurke
3 Kirschtomaten
20 g Rucola
100 g Putenaufschnitt
1 TL edelsüßes Paprikapulver
1 Frühlingszwiebel

AUSSERDEM
1 Schraubglas (600 ml)

1 Joghurt, Mayonnaise und Öl in einer Schale verrühren und mit Salz und Pfeffer abschmecken. Das Dressing in das Glas geben. Möhre putzen, schälen, grob raspeln und in das Glas geben. Gurke waschen, grob raspeln und auf die Möhre schichten. Kirschtomaten waschen, vierteln und ins Glas geben. Rucola verlesen, von groben Stielen befreien, waschen und abtropfen lassen. Rucola in ca. 3 cm lange Stücke schneiden und in das Glas schichten.

2 Den Aufschnitt flach nebeneinander auf ein Schneidebrett legen. Die Scheiben gleichmäßig mit dem Paprikapulver bestreuen, aufrollen, dann in ca. 1 cm breite Ringe schneiden und auf dem Rucola anrichten. Die Frühlingszwiebel putzen, waschen, in feine Ringe schneiden und diese ganz obenauf ins Glas schichten.

3 Zum Essen den Salat auf einen Teller stürzen und gut durchmischen oder den Salat direkt im Glas mischen und daraus genießen.

Für 1 Person • 25 Min. Zubereitung • Pro Portion ca. 370 kcal, 11 g E, 16 g F, 42 g KH

SOMMER-SALAT MIT MANGO

SOMMER-REZEPT

170 g weißer Rettich
120 g Möhre
120 g Rote Bete
100 g Mango (50 g Fruchtfleisch)
1 Limette
1 Knoblauchzehe
1 kleine rote Chilischote
1 TL Rapsöl
2 TL Kokosblütenzucker
Salz, Pfeffer
2 EL Sonnenblumenkerne

1 Rettich, Möhre und dann die Rote Bete waschen, putzen, schälen und grob raspeln. Die Gemüseraspel nebeneinander in einen Salatteller setzen. Mangostück schälen, das Fruchtfleisch vom Kern schneiden und quer in dünne Scheiben schneiden.

2 Limette auspressen, Knoblauch schälen und fein hacken. Chili waschen, halbieren, von Kernen befreien und sehr fein hacken. Limettensaft, Knoblauch, Chili, Öl, Zucker, Salz und Pfeffer in eine Schale geben und verrühren, bis sich der Zucker aufgelöst hat.

3 Mango auf den Gemüseraspeln verteilen. Salat mit den Sonnenblumenkernen bestreuen und mit dem Dressing beträufeln.

LOW-CARB-SUSHI-ROLLS

AUS JAPAN

Für 1 Person • 40 Min. Zubereitung • 30 Min. Ruhen • Pro Portion ca. 340 kcal, 12 g E, 28 g F, 11 g KH

FÜR DEN BLUMENKOHLREIS

300 g Blumenkohl
1 TL Kokosöl
2 TL Reisessig (ersatzweise anderer milder Essig)
1 EL schwarzer Sesam
Salz

FÜR DIE FÜLLUNG

50 g Avocado (ca. 150 g mit Schale und Kern)
1 kleine Tomate
1 EL Sojasauce
1 TL geröstetes Sesamöl
Salz

AUSSERDEM

2 Nori-Blätter
Sushi-Matte

BLUMENKOHLREIS: Blumenkohl waschen, putzen und in kleine Röschen teilen. Die Röschen portionsweise in einem Blitzhacker auf Reiskorngröße zerkleinern (Bild 1). Blumenkohl in ein feines Küchensieb geben und unter fließendem Wasser kalt abbrausen. Das Kokosöl in einem Topf erhitzen. Blumenkohlreis tropfnass darin ca. 10 Min. bei mittlerer bis kleiner Hitze dünsten, dabei gelegentlich umrühren. Essig und Sesam dazugeben, unterrühren und die Blumenkohlmischung mit Salz abschmecken. Den Blumenkohlreis auf einem Teller flach ausbreiten und auskühlen lassen (Bild 2).

FÜLLUNG: Das Avocadofruchtfleisch mit einem Löffel aus der Schale heben und in ca. ½ cm große Stücke hacken. Die Tomate waschen, vierteln, von Stielansatz sowie Kernen befreien und hacken. Avocado- und Tomatenstücke in eine Schale geben, mischen, mit Sojasauce und Sesamöl würzen und zum Schluss mit Salz abschmecken (Bild 3).

FERTIGSTELLEN: 1 Nori-Blatt mit der glänzenden Seite nach unten auf die Sushi-Matte legen. Die Hälfte des Blumenkohlreises gleichmäßig darauf verteilen, dabei ringsherum einen 1 cm breiten Rand frei lassen. Im unteren Drittel mit den Fingern von links nach rechts eine 2 cm breite Rille in den Reis drücken. Die Hälfte der Avocado-Tomaten-Mischung darin verteilen (Bild 4). Nori-Blatt am oberen Rand mit etwas Wasser anfeuchten und mithilfe der Matte von unten nach oben fest aufrollen (Bild 5). Aus den restlichen Zutaten auf die gleiche Art eine zweite Rolle formen. Die Rollen mindestens 30 Min. im Kühlschrank ruhen lassen, dann mit einem scharfen Messer in 3 cm breite Rollen schneiden, auf einem Teller anrichten und nach Belieben mit Stäbchen essen (Bild 6).

Für 1 Person • 25 Min. Zubereitung • Pro Portion ca. 360 kcal, 19 g E, 18 g F, 28 g KH

ZOODLE-CURRY-SALAT MIT ERBSEN

LOW CARB

50 g TK-Erbsen
300 g Zucchini
1 Scheibe Kochschinken (ca. 33 g)
1 kleiner grüner Apfel (ca. 100 g)
1 EL Walnusskerne
2 TL Mayonnaise
3 EL fettarmer Joghurt
2 TL Currypulver
2 EL Apfelsaft
Salz, Pfeffer

1 Die Erbsen in einer Schale ca. 10 Min. auftauen lassen. Inzwischen von den Zucchini die Enden abschneiden und die Zucchini durch den Spiralschneider drehen. Alternativ die Zucchini mit dem Sparschäler in dünne Streifen schneiden. Den Schinken halbieren, die Hälften übereinanderlegen und quer in dünne Streifen schneiden. Apfel waschen, vierteln, entkernen und in dünne Spalten schneiden. Die Walnüsse grob hacken. Anschließend alle vorbereiteten Zutaten bis auf die Nüsse in einer Salatschüssel vermischen.

2 Mayonnaise, Joghurt, Currypulver und Apfelsaft in einer Schale verrühren und mit Salz und Pfeffer abschmecken. Das Dressing auf den Salat geben und untermischen. Den Salat auf einem Teller anrichten, mit Nüssen bestreuen und genießen.

Für 1 Person • 25 Min. Zubereitung • Pro Portion ca. 420 kcal, 16 g E, 22 g F, 38 g KH

MELONEN-QUINOA-SALAT

ZUM MITNEHMEN

250 g Wassermelone (ca. 200 g Fruchtfleisch)
100 g Eisbergsalat
40 g Schafskäse (Feta)
1 Limette
8 Minzeblätter
2 TL Olivenöl
100 g fettarmer Joghurt
Salz, Pfeffer
25 g gepuffte Quinoa

1 Von der Melone die Schale abschneiden, die Kerne entfernen und das Fruchtfleisch in ca. 2 cm große Würfel schneiden. Den Eisbergsalat in feine Streifen schneiden, diese in ein Sieb geben, abbrausen und abtropfen lassen oder trocken schleudern. Den Feta mit einer Gabel zerbröckeln oder in 1 cm große Würfel schneiden.

2 Die Limette auspressen. Minze waschen, zusammen mit Limettensaft, Öl und Joghurt in einen hohen Rührbecher geben und mit dem Pürierstab pürieren. Das Dressing mit Salz und Pfeffer abschmecken. Alternativ die Minze fein hacken und alle Zutaten für das Dressing in einer Schale verrühren und abschmecken.

3 Melonenwürfel, Eisbergsalat und Dressing in eine Schüssel geben und vermischen. Den Salat in einem tiefen Teller anrichten, mit Feta und Quinoa bestreuen und sofort genießen.

Für 1 Person • 20 Min. Zubereitung • Pro Portion ca. 435 kcal, 36 g E, 27 g F, 11 g KH

SPINATSALAT MIT LACHS

FRÜHLINGS-REZEPT

200 g Baby-Blattspinat
100 g heiß geräucherter Lachs (Stremellachs)
50 g Radieschen
50 g Salatgurke
5 grüne Oliven
1 EL mittelscharfer Senf
1 EL Honig
2 EL Apfelessig
Salz, Pfeffer
1 TL Olivenöl
½ Kästchen Kresse

1 Spinat waschen und abtropfen lassen oder trocken schleudern. Den Lachs in dünne Scheiben schneiden. Radieschen waschen und je nach Größe vierteln oder achteln. Die Salatgurke waschen, längs vierteln und quer in dünne Scheiben schneiden. Spinat, Radieschen, Gurke und Oliven in einer Schüssel vermischen.

2 Senf, Honig und Essig in einer Schale verrühren. Das Dressing mit ½ TL Salz und 2 Prisen Pfeffer würzen, dann das Öl einrühren.

3 Das Dressing zum Salat geben und behutsam unterheben. Den Salat auf einem Teller anrichten, den Lachs darauf arrangieren, die Kresse vom Beet schneiden und auf den Salat streuen.

Für 1 Person • 25 Min. Zubereitung • Pro Portion ca. 355 kcal, 33 g E, 14 g F, 23 g KH

RETTICHSALAT MIT KALBSBRATEN

BAYERISCH

300 g weißer Rettich
50 g Radieschen
½ roter Apfel
100 g Kalbsbraten-Aufschnitt
2 EL Apfelessig
1 TL mittelscharfer Senf
2 TL Mayonnaise
1 EL TK-Schnittlauch
Salz, Pfeffer
20 g Party-Brezeln

1 Den Rettich waschen, schälen, längs vierteln und quer in dünne Scheiben schneiden oder hobeln. Radieschen putzen, waschen und in dünne Scheiben schneiden oder hobeln. Die Apfelhälfte waschen, entkernen, halbieren und quer in dünne Scheiben schneiden. Den Kalbsbraten in dünne Streifen schneiden.

2 Apfelessig, Senf, Mayonnaise und Schnittlauch in einer Schale verrühren und das Dressing mit Salz und Pfeffer abschmecken.

3 Dressing, Rettich-, Radieschen- und Apfelscheiben in einer Schüssel vermischen und den Salat auf einem Teller anrichten. Die Kalbsbratenstreifen mittig daraufsetzen. Die Brezeln in der Faust grob zerbröseln und über den Salat streuen.

GU CLOU

Dieses asiatische Ohne-Öl-Dressing ist optimal bei einer kalorienreduzierten Diät, denn 1 TL Pflanzenöl enthält bereits 46 kcal. Bereiten Sie das Dressing also ruhig in größeren Mengen zu: Es schmeckt nämlich auch super zu Blattsalaten aller Art.

Für 1 Person • 25 Min. Zubereitung • Pro Portion ca. 325 kcal, 37 g E, 6 g F, 29 g KH

BROKKOLI-LAUCH-SALAT MIT ROASTBEEF

ASIATISCH

FÜR DAS DRESSING

1 Knoblauchzehe
1 kleine rote Chilischote
1 Limette
3 EL Sojasauce
1 EL Honig

FÜR DEN SALAT

200 g Brokkoli
150 g Lauch
100 g Rotkohl
100 g Roastbeef-Aufschnitt
Salz, Pfeffer

DRESSING: Für das Dressing Knoblauchzehe schälen und fein hacken oder durchpressen. Die Chilischote waschen, längs halbieren, von Kernen befreien und fein hacken. Die Limette auspressen. Knoblauch, Chili, Limettensaft, die Sojasauce und den Honig in eine Schale geben und verrühren.

SALAT: Den Brokkoli in Röschen teilen, diese waschen und mit einem großen Messer grob hacken. Lauch längs halbieren und quer in dünne Scheiben schneiden, diese gründlich waschen und abtropfen lassen. Den Rotkohl waschen und fein hobeln oder mit dem Messer in dünne Streifen schneiden. Brokkoli, Lauch und Rotkohl in einer Schüssel vermischen. Das Roastbeef quer in ca. 1 cm breite Streifen schneiden.

FERTIGSTELLEN: Das Dressing zum Salat geben und gut untermischen. Den Salat mit Salz und Pfeffer abschmecken, mit dem Roastbeef garnieren und genießen.

Für 1 Person • 20 Min. Zubereitung • Pro Portion ca. 335 kcal, 15 g E, 11 g F, 33 g KH

JOGHURT-TAHIN MIT GEMÜSESTICKS

VEGAN

1 Knoblauchzehe
1 Stück Ingwer (ca. 2 cm lang)
100 g Sojajoghurt
1 EL Tahin
1 TL gemahlene Kurkuma
Salz, Pfeffer
200 g Möhren
½ gelbe Paprika (ca. 150 g)
150 g Salatgurke
¼ Bund Schnittlauch
2 Scheiben Vollkorn-Knäckebrot

1 Den Knoblauch schälen und fein hacken. Den Ingwer schälen und fein reiben. Knoblauch und Ingwer zusammen mit Joghurt, Tahin und Kurkuma in ein Schälchen geben und verrühren. Den Joghurt-Tahin-Dip mit Salz und Pfeffer abschmecken.

2 Für die Sticks die Möhren putzen, schälen und in dünne Streifen schneiden. Die Paprikaschote waschen, von weißen Trennwänden und Kernen befreien und in Streifen schneiden. Die Gurke schälen und in Streifen schneiden. Den Schnittlauch waschen und trocken schütteln. Je zwei Möhren-, Paprika- und Gurkenstifte bündeln und mit einer Schnittlauchschleife zu Päckchen schnüren.

3 Die Stickpäckchen auf einen Teller legen, Joghurt-Dip dazustellen und beides zusammen mit dem Knäckebrot genießen.

Für 1 Person • 25 Min. Zubereitung • Pro Portion ca. 425 kcal, 29 g E, 29 g F, 9 g KH

KÄSESALAT MIT AVOCADO

LOW CARB

1 Scheibe Edamer (ca. 30 g; 30 % Fett i. Tr.)
80 g Mozzarella light (8,5 % Fett)
50 g Heidelbeeren
50 g Avocado (ca. 150 g mit Schale und Kern)
200 g Römersalatherzen
8 Minzeblätter
2 EL Apfelessig
2 EL Apfelsaft
1 TL mittelscharfer Senf
1 TL Rapsöl
Salz, Pfeffer

1 Edamer halbieren, dann quer in ½ cm breite Streifen schneiden. Den Mozzarella abtropfen lassen, in ½ cm dicke Scheiben, dann in Streifen schneiden. Heidelbeeren verlesen, waschen und abtropfen lassen. Den Kern aus der Avocado lösen, das Fruchtfleisch mit einem Löffel aus der Schale heben, dann in kleine Würfel schneiden. Den Strunk vom Salat abschneiden, dann die Blätter quer in feine Streifen schneiden. Salat und Minzeblätter abbrausen und abtropfen lassen.

2 Essig, Apfelsaft, Senf und Öl in einer Schale verrühren und das Dressing mit Salz und Pfeffer abschmecken.

3 Edamer, Mozzarella, Römersalat und die Minze in eine Schüssel geben und mit dem Dressing vermischen. Den Salat auf einem Teller anrichten und mit Heidelbeeren sowie Avocadowürfeln bestreuen.

Für 1 Person • 25 Min. Zubereitung • Pro Portion ca. 410 kcal, 26 g E, 29 g F, 10 g KH

RÄUCHERLACHS-SALAT-WRAPS MIT MANDELCREME

ZUM MITNEHMEN

FÜR DIE CREME
2 TL Mandeln
1 EL Mandelmus
1 TL Mayonnaise
2 EL fettarmer Joghurt
Salz, Pfeffer

FÜR DIE WRAPS
12 mittelgroße Kopfsalatblätter
30 g Mandarinen (aus der Dose)
100 g Räucherlachs (in Scheiben)

CREME: Die Mandeln mit einem scharfen Messer hacken. Mandelmus, Mayonnaise, Joghurt und Mandeln in einer Schüssel verrühren und mit Salz und Pfeffer abschmecken.

WRAPS: Die Salatblätter waschen und trocken tupfen, dann 6 Salatblätter in feine Streifen schneiden. Die Mandarinen in ein Sieb abgießen, kurz abtropfen lassen und grob hacken. Lachsscheiben in ca. ½ cm breite Streifen schneiden. Salatstreifen, die Mandarinen und den Lachs zur Mandelcreme in die Schüssel geben und gut unterheben.

FERTIGSTELLEN: Die ganzen Salatblätter auf der Arbeitsfläche auslegen. Lachsmasse gleichmäßig mittig in die Salatblätter setzen. Salatblätter jeweils von links und rechts zur Mitte hin einklappen und von unten her aufrollen. Die Wraps mit der Naht nach unten auf einen Teller legen oder in eine verschließbare, luftdichte Box zum Mitnehmen setzen.

REGISTER

Vegetarische Rezepte, die im Buch mit einem 🌿 gekennzeichnet sind, sind hier grün abgesetzt.

Abkürzungsverzeichnis:
E = Eiweiß
EL = Esslöffel (gestrichen)
F = Fett
kcal = Kilokalorien
KH = Kohlenhydrate
Msp. = Messerspitze
Pck. = Päckchen
TK = Tiefkühl
TL = Teelöffel (gestrichen)
Ø = Durchmesser

Projektleitung: Vanessa Lotz
Lektorat: Cora Wetzstein
Korrektorat: Ulrike Wagner
Gesamtgestaltung: independent Medien-Design, München: Horst Moser (Artdirection), Lucie Heselich, Svenja Wamser
Herstellung: Svenja Zösmair
Satz: Kösel, Krugzell
Reproduktion: medienprinzen GmbH, München
Druck und Bindung: Firmengruppe APPL, aprinta druck, Wemding
Syndication: www.seasons.agency
Printed in Germany

1. Auflage 2019
ISBN 978-3-8338-6977-8

www.facebook.com/gu.verlag

GRÄFE UND UNZER
Ein Unternehmen der
GANSKE VERLAGSGRUPPE

DER AUTOR

Nico Stanitzok ist diätetisch geschulter Koch, Kochbuchautor und Blogger. Er liebt unkomplizierte Rezepte, besonders, wenn sie obendrein noch gesund und lecker sind. Im GRÄFE UND UNZER VERLAG sind bereits mehrere erfolgreiche Titel von ihm erschienen. Mehr von ihm unter www.nicostanitzok.de.

DER FOTOGRAF

Mathias Neubauer ist Foodfotograf und Grafik-Designer, er arbeitet für internationale Buchverlage und Magazine wie den FEINSCHMECKER. In seinem Studio in Seligenstadt hat er die Rezepte für die Last-Minute-Diät stimmungsvoll in Szene gesetzt. Unterstützt wurde er dabei von seinem Bruder **Andreas Neubauer** (Foodstyling).

BILDNACHWEIS

Mathias Neubauer: S. 06–59 und Stepfotos auf den Klappen
AUEN60 Photography (Julia Schärdel & Ines Häberlein): S. 01, 05 und Stillleben auf den Klappen
Autorenfoto: privat
Coverfoto: Silvio Knezevic

Umwelthinweis:
Dieses Buch ist auf PEFC-zertifiziertem Papier aus nachhaltiger Waldwirtschaft gedruckt.

QUALITÄTS G|U GARANTIE

LIEBE LESERINNEN UND LESER,

wir wollen Ihnen mit diesem Buch Informationen und Anregungen geben, um Ihnen das Leben zu erleichtern oder Sie zu inspirieren, Neues auszuprobieren. Wir achten bei der Erstellung unserer Bücher auf Aktualität und stellen höchste Ansprüche an Inhalt und Gestaltung. Alle Anleitungen und Rezepte werden von unseren Autoren, jeweils Experten auf ihrem Gebiet, gewissenhaft erstellt und von unseren Redakteuren/innen mit größter Sorgfalt ausgewählt und geprüft.

Haben wir Ihre Erwartungen erfüllt? Sind Sie mit diesem Buch und seinen Inhalten zufrieden? Haben Sie weitere Fragen zu diesem Thema? Wir freuen uns auf Ihre Rückmeldung, auf Lob, Kritik und Anregungen, damit wir für Sie immer besser werden können. Und wir freuen uns, wenn Sie diesen Titel weiterempfehlen, in Ihrem Freundeskreis oder online.

Sollten wir Ihre Erwartungen so gar nicht erfüllt haben, tauschen wir Ihnen Ihr Buch jederzeit gegen ein gleichwertiges zum gleichen oder ähnlichen Thema um.

KONTAKT

GRÄFE UND UNZER VERLAG
Leserservice
Postfach 86 03 13
81630 München
E-Mail: leserservice@graefe-und-unzer.de

Telefon: 0 08 00 / 72 37 33 33*
Telefax: 0 08 00 / 50 12 05 44*
Mo – Do: 9.00 – 17.00 Uhr
Fr: 9.00 – 16.00 Uhr (*gebührenfrei in D,A,CH)

APPETIT AUF MEHR?

ISBN 978-3-8338-6847-4

ISBN 978-3-8338-6761-3

ISBN 978-3-8338-6654-8

ISBN 978-3-8338-6630-2

ISBN 978-3-8338-6614-2

ISBN 978-3-8338-6942-6

Alle hier vorgestellten Bücher sind auch als eBook erhältlich.

Mehr von GU auf **www.gu.de** und **facebook.com/gu.verlag**

DIE »GU KOCHEN PLUS«-APP

1 APP HERUNTERLADEN

Laden Sie die kostenlose »GU Kochen Plus«-App im Apple App Store oder im Google Play Store auf Ihr Smartphone. Starten Sie die App und wählen Sie Ihren Küchenratgeber aus.

2 REZEPTBILD SCANNEN

Scannen Sie das gewünschte Rezeptbild mit der Kamera Ihres Smartphones. Klicken Sie im Display die Funktion Ihrer Wahl.

3 FUNKTIONEN NUTZEN

Sammeln Sie Ihre Lieblingsrezepte. Speichern und verschicken Sie Ihre Einkaufslisten. Oder nutzen Sie den praktischen Supermarkt-Finder und den Rezept-Planer.